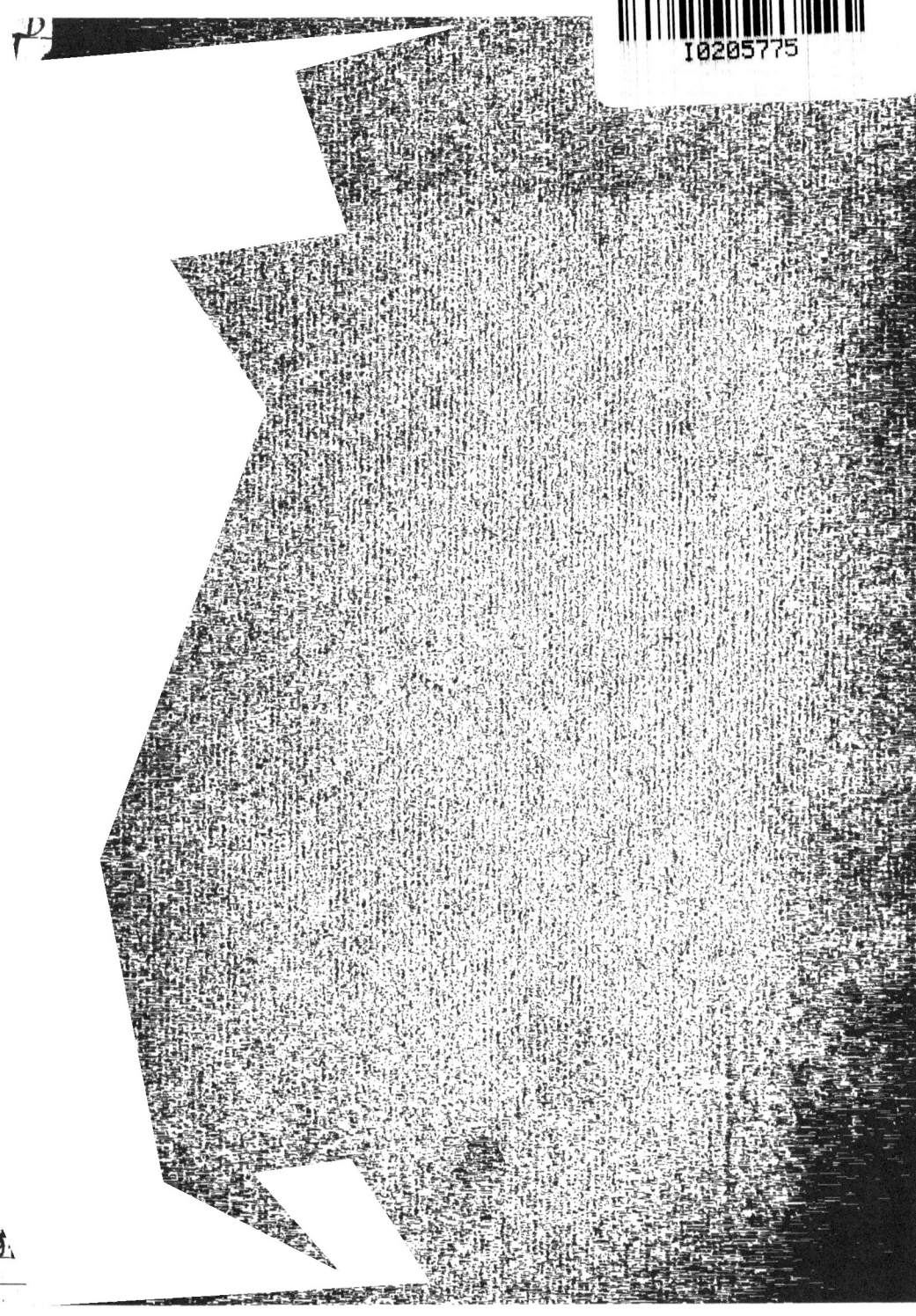

PROCLAMATION
RELATIVE AUX ASSEMBLÉES PRIMAIRES DE L'AN VI.

Du 9 Ventôse, an VI de la République française.

LE DIRECTOIRE
EXÉCUTIF
AUX FRANÇAIS.

CITOYENS,

LE premier germinal prochain, vous serez de plein droit réunis, dans chaque canton, en assemblées primaires, pour les élections dont ces assemblées sont chargées par votre loi fondamentale.

Vous aurez sous les yeux les dispositions du titre III de l'acte constitutionnel, et celles qu'y ont ajoutées les lois intervenues au sujet des élections. Ces dispositions doivent être par vous sérieusement méditées, et scrupuleusement

A

suivies. Dans les temps ordinaires, elles peuvent suffire pour indiquer le but et régulariser les formes du régime électif; mais dans les circonstances où se trouve la République, l'issue des assemblées primaires devient si importante pour le salut de la patrie, l'esprit qui doit les animer aura une telle influence sur la tranquillité publique, sur l'affermissement et la stabilité du régime actuel, et sur le bonheur de la France, cette époque est si décisive pour déraciner tous les troubles et finir à jamais les agitations dont vous sentez la lassitude, que le Gouvernement ne peut se dispenser de s'entretenir avec vous sur les meilleurs moyens d'exécuter la loi, et qu'il ne doit vous dérober aucune des réflexions que votre intérêt lui inspire.

Le Directoire exécutif vous a déjà transmis ses premiers sentimens et ses vues générales sur les élections, dans une proclamation dont la lecture solennelle doit faire une partie de la fête ordonnée pour le 30 ventôse. Maintenant, il s'adresse aux assemblées primaires. Il a lieu d'espérer que tous les citoyens, frappés de la grande importance de l'objet de ces assemblées, ne manqueront pas de s'y rendre. Ce sera déjà un succès qu'auront ses exhortations, si elles peuvent rallier universellement, pour arriver aux meilleurs choix, tous ceux à qui la loi donne le droit d'y prendre part.

Ce droit du peuple souverain n'est pas de pure faculté; car en user est un devoir, et le négliger est un crime. Songez-y, citoyens : la chose publique est la vôtre. Alors qu'elle va mal, vous vous plaignez avec raison : mais de qui devez-vous vous plaindre, lorsque vous avez dédaigné de concourir vous-mêmes au choix de vos fonctionnaires? Quoi! vous êtes les maîtres de faire honorer le mérite, de placer la vertu, de ne livrer enfin la gestion de vos affaires qu'aux mandataires les plus dignes de votre confiance; cependant il arrive que bien loin de vous attacher à former sur ce point le vœu imposant du grand nombre, vous laissez le champ libre à quelques intrigans! Vous ne vous faites pas un devoir de vous rendre aux assemblées primaires, ou vous n'y paraissez que pour les déserter ensuite ; vous vous en rapportez conséquemment du sort de vos intérêts les plus chers, au premier qui voudra usurper vos pouvoirs ; vous consentez tacitement à ce qu'on fait en votre nom ; vous permettez aux factions de prendre votre place, et vous venez ensuite blâmer des nominations auxquelles vous avez voulu demeurer étrangers ! Vous souffrez de leurs résultats, vous en gémissez après coup : mais vous pouviez les prévenir. Hommes insoucians, pourquoi murmurez-vous des fautes des fonctionnaires ineptes ? pourquoi maudissez-vous le crime des fonctionnaires pervers ! Ces fautes et ces crimes ne sont que votre ouvrage ; c'est le fruit de votre faiblesse et la punition de votre indifférence.

Citoyens, on s'efforce de jeter des inquiétudes sur le sort des élections ; et il faut l'avouer, l'exemple du passé fonde, jusqu'à un certain point, les soupçons et les craintes qui s'élèvent de toutes parts : mais il dépend de vous de les faire cesser. Vous en ôtez jusqu'au prétexte, si la totalité de ceux que la loi appelle à voter, veulent religieusement se rendre à ses ordres sacrés. Citoyens, écoutez les conseils de vos magistrats. Les assemblées primaires, composées de la masse entière de leurs membres, formeront un faisceau qu'aucun parti n'entamera. La fête du 30 ventôse aura mis sous vos yeux l'image de ce faisceau indestructible : c'est un symbole politique dont la leçon ne sera pas perdue pour les bons citoyens. Des fractions du peuple peuvent bien être factieuses ; mais le peuple est républicain. Il a voulu la liberté ; il ne peut pas se mettre en contradiction, en révolte contre lui-même. Le peuple réuni sera mu par l'esprit public, non par l'esprit de coterie. La nation entière suivra l'impulsion de son propre intérêt, son propre vœu national, et non l'intérêt ou le vœu d'une poignée d'agitateurs. Que desirait la nation ? un gouvernement régulier, assis sur un code certain, et où la volonté de l'homme ne pût jamais prédominer sur la volonté de la loi. Eh bien ! cet ordre régulier, cette liberté toute entière, et qui n'est modérée que par l'autorité des lois, la nation se l'est donnée; elle en jouit depuis l'établissement du régime constitutionnel. Il ne dépend que d'elle de rendre stable et permanent l'état où elle s'est placée, état qui fait déjà l'envie des étrangers, l'admiration de l'Europe, et qui peut, de lui-même, se perfectionner et s'améliorer encore. Qui peut imaginer que la nation risquerait de détruire un si grand ouvrage ! qu'au lieu de terminer la révolution et d'en cueillir les fruits, elle aurait la folie de la recommencer, et se rejetterait dans de nouveaux orages pour céder aux suggestions d'un petit nombre d'hommes qui regrettent le trône ou sont vendus à l'étranger ! Non, non : le trône a disparu, et l'étranger n'a plus d'empire. La nation l'a bien prouvé par l'unanimité de ses vœux et de ses efforts pour la descente en Angleterre : elle s'est ralliée, dans cette circonstance, à la voix du Gouvernement; elle n'a eu qu'un cri. Citoyens, le même concert doit éclairer, doit rapprocher toutes les volontés pour les élections, c'est une autre victoire qu'il s'agit de remporter sur l'ennemi commun. Français, n'en doutez pas : le premier germinal, si vous êtes unis, si vous voulez répondre à l'instante prière que vous en fait le Directoire, vous pouvez, sans sortir du sein de vos cantons, dans vos propres foyers, vous pouvez triompher des cohortes royales et battre les Anglais.

Et pour moissonner cette palme, que vous en coûte-t-il ! que vous demande-t-on ? de vous rendre à vos assemblées, de vous y trouver tous, de ne pas vous abandonner et vous trahir vous-mêmes. Eh quoi ! le sacrifice de quelques jours dans une année est-il donc si pénible, que tous vos intérêts, que votre propre destinée, ne puissent l'obtenir de vous ! Qu'il est faux le calcul de cet égoïsme insensé, qui croit pouvoir impunément s'isoler, se tenir à part, et se sauver sans la patrie ! Qu'il est aveugle, ô ciel ! celui de vous qui peut penser qu'embarqué avec tous les autres sur le vaisseau républicain, et pouvant choisir les pilotes qui doivent le conduire au port, il est indifférent pour lui que ce vaisseau fasse nauffrage et se brise sur les écueils dont il est entouré ! C'est encore une perfidie, une ruse profonde de vos éternels ennemis, que ces difficultés, ces craintes, ces inquiétudes qu'ils veulent opposer au régime électif et représentatif, seul gouvernement naturel, seule manière raisonnable de distribuer les emplois, de maintenir l'égalité, de récompenser la vertu, de rendre l'autorité douce, en bornant sa durée, et en donnant ainsi la limite du temps à ceux que l'on ne peut restreindre du côté du pouvoir. Les calomniateurs des lois républicaines savent bien ce qu'ils font lorsqu'ils tâchent de refroidir votre zèle à les observer : ils ne l'ignorent pas ; tout serait perdu si le peuple, oubliant que les élections forment la sauve-garde de son indépendance et le gage de son bonheur, venait à s'ennuyer des assemblées électives et à les trouver fatigantes. C'est ce dégoût impolitique qui a fait créer autrefois les magistratures à vie : ce fut le premier pas qui fut fait vers le despotisme, la perpétuité des places et la transmission forcée des dignités publiques à des hommes qui en étaient aussi indignes qu'incapables. Et voilà où le royalisme prétend vous ramener !

Vous connaissez son but : quel doit être le vôtre ? c'est de vous rendre tous aux assemblées primaires et de déconcerter les mesures du royalisme, en consultant uniquement l'intérêt de la République dans les choix que vous allez faire, 1.º des membres qui composeront les assemblées électorales, 2.º de vos juges de paix, 3.º des officiers municipaux dans les communes qui ont plus de cinq mille habitans, et des présidens de canton qui doivent être remplacés.

1.º Le choix des électeurs est extrêmement important. C'est à leur nomination que l'on pourra juger d'avance de l'esprit dans lequel ils feront eux-mêmes les choix qui leur sont réservés. Citoyens, que chacun de vous, en mettant son billet dans l'urne, se dise à lui-même : *Je fais ou le bonheur ou le malheur de ma patrie; ce nom que je viens de tracer, peut concourir à perdre ou sauver mon pays.*

Cette considération vous déterminera sans doute, citoyens, à ne déposer dans le vase d'où sortiront les électeurs, que des noms dignes d'en sortir. Ces noms, quels seront-ils? ceux des hommes qui constamment ont été patriotes et républicains prononcés, qui joignent les lumières à une exacte probité, qui se sont tenus éloignés des intrigues et des partis, qui veulent fortement la Constitution sous laquelle nous vivons, qui lui sont attachés avec sincérité, et qui, pour son maintien, sont décidés à n'élever à la tribune des conseils que des esprits conservateurs, des génies tutélaires, uniquement jaloux de faire prospérer la République, de faire aimer la liberté, et de justifier l'honneur de vous représenter, autant par leur conduite que par leurs travaux politiques.

Quels sont, au contraire, les noms qu'il faut en écarter, si l'on veut qu'à leur tour les électeurs aient soin de les éloigner des nominations qu'ils sont chargés de faire? ce sont les noms des royalistes qui ne rêvent que le retour de l'ancien régime; ceux des malheureux fanatiques que la crédulité aveugle, et qui voudraient encore s'agenouiller devant les prêtres; ceux des aristocrates de toutes les couleurs, qui sont connus malgré leurs masques; en un mot, tout ce qui n'est pas vraiment républicain et ami de la liberté.

Or, ceux-là ne sont pas vraiment républicains ni amis de la liberté, ceux-là doivent donc être éloignés avec soin, qui se sont déjà fait connaître comme des colporteurs d'intrigues; ces esprits déréglés, instrumens de destruction, exagérateurs forcenés, qui, par l'abus de leurs principes et leurs excès antérieurs, jetteraient l'épouvante parmi les citoyens, sèmeraient la discorde au sein du Corps législatif, ne chercheraient qu'à prolonger les oscillations révolutionnaires au lieu de les calmer, ébranleraient la République au lieu de la consolider, remettraient en problème jusqu'à son existence; ramèneraient le trouble s'ils étaient les plus forts, ou dans le cas contraire, donneraient prise aux royalistes pour calomnier de nouveau le régime actuel, détacher de la République la foule des hommes timides, faire rougir les patriotes d'être associés à des monstres, et ramener ainsi la monarchie par la terreur.

Citoyens, il dépend de vous d'écarter ces fléaux : assistez tous aux assemblées, et concevez bien l'intérêt que vous y avez tous, sans nulle exception, qui que vous puissiez être.

En effet, s'il existe encore parmi vous des amis du trône ; si des aristocrates, si ces conspirateurs qui s'étaient déguisés sous le nom de *fils légitimes*, prétendent se glisser encore au sein des assemblées primaires, eux-mêmes sont intéressés à ne donner leur voix qu'aux vrais et purs républicains. Le 18 fructidor doit leur ouvrir les yeux. Ont-ils le projet insensé de députer des royalistes qui se serviraient de nouveau de la Constitution même pour essayer de la détruire ! ils peuvent être sûrs qu'en les lançant à la tribune, ils ne les élèvent si haut, que pour les voir tomber avec plus de fracas et être entraînés dans leur chûte. Vous n'êtes plus sans un point fixe; vous avez des législateurs toujours fidèles ; vous avez un Gouvernement : ils sont las, comme vous, des luttes de tout genre que l'on n'a cessé d'opposer à l'affermissement de votre Constitution ; ils ne souffriront pas qu'on veuille lui porter de nouvelles atteintes ; et la foudre nationale qui brille dans leurs mains, suffit pour empêcher les envoyés de Blankenbourg et les orateurs de Saint-James d'oser se remontrer.

Les royalistes, au contraire, feront-ils égarer les voix sur les amis de la licence, sur les désorganisateurs, dans l'horrible espérance de renverser la République, et de l'ensevelir au milieu des débris, sous les décombres même de la Constitution ? il en résultera que leurs vies, leurs fortunes vont

A 4

être compromises, et que les colonnes du temple qu'ils auront ébranlées tomberont sur leurs propres têtes. Quels dangers ne courent-ils pas, si cette espèce d'hommes s'empare des affaires et détruit le Gouvernement? Mais le Gouvernement ne sera point détruit; les têtes de l'hydre anarchiste seront promptement abattues : et ensuite, malheur aux royalistes insensés qui se seraient flattés de perdre ainsi la liberté par la liberté même ! elle les dévorerait tous.

Ce n'est pas tout encore. S'il est des patriotes intolérans et exclusifs dont les esprits extrêmes, toujours exaspérés, sont cependant de bonne foi dans leur exagération, ils sont aussi intéressés à ne donner leur voix qu'à des hommes plus sages et à des patriotes constitutionnels, à ceux qui sont comme eux foncièrement républicains, mais qui sont attachés inviolablement à notre loi fondamentale, décidés à la maintenir, et jaloux d'affermir la révolution, au lieu de la renouveler ou de la prolonger.

En effet, si ces hommes connus par des excès réussissaient à s'emparer de la législature, ils seraient assurés de voir, au même instant, tous les partis se réunir et s'armer contre eux. Alors, leur perte serait à-la-fois prompte autant qu'inévitable, parce que la terreur qu'ils auraient inspirée à tous les citoyens, ne laisserait aucune borne à la réaction.

Mais s'ils font la faute contraire; si, pour ne pas se réunir à ces républicains ardens, mais purs constitutionnels, ils laissent l'aristocratie s'emparer des élections, ils ont l'expérience de ce qui leur est arrivé depuis le mois de prairial jusqu'au 18 fructidor, et ils doivent savoir à quelles persécutions, à quelles injustices ils ont lieu de s'attendre; tandis que tous les patriotes qui tiennent franchement à la Constitution, ne veulent pas persécuter ceux qui n'ont que le tort d'être trop exaltés et de pousser trop loin l'esprit révolutionnaire; ils veulent au contraire, assurer leur tranquillité et adoucir leur existence, pourvu qu'ils laissent mettre à l'ancre le vaisseau de la République.

Vous le voyez donc, citoyens ; tous les partis possibles ont un même intérêt à choisir de bons électeurs ; et d'ailleurs, ces partis ne sont qu'un point imperceptible. Ce n'est que le plus petit nombre de citoyens, qui sont encore ou entraînés vers la licence par la crainte du royalisme, ou reportés au royalisme par la haine de la licence. Autour de ces deux groupes qu'il est si aisé de compter, se projette et se distribue la masse de la nation, cette foule innombrable de citoyens paisibles qui desirent la fixité de leur Gouvernement, qui en attendent leur bonheur, et qui par conséquent sont plus intéressés encore à diriger les choix dans le sens que vient de tracer le Directoire exécutif, c'est-à-dire, vers le maintien et l'imperturbabilité de notre Constitution.

2.º Outre les électeurs, les assemblées primaires auront à remplacer plusieurs juges de paix et plusieurs assesseurs.

Les justices de paix sont un des plus grands bienfaits de notre révolution. On en serait plus pénétré, si l'on voulait se rappeller à quel chaos de seigneuries et d'exactions féodales, à quel fatras de procédures et de chicanes ruineuses, à quels tortueux labyrintes succède la simplicité d'une institution si pure. Mais pour qu'elle atteigne son but, il faut que les juges de paix soient dignes de leur titre : on doit sentir combien leurs fonctions sont importantes, et comme ministres de paix, et comme officiers de police. On a eu beaucoup à se plaindre d'un assez grand nombre d'entre eux : les uns, par ignorance ou défaut d'application, d'autres par aristocratie et par mauvaise volonté, ont fait, de leurs emplois paisibles, des élémens de trouble et des germes locaux de contre-révolution. La justice et la paix, quelle alliance respectable ! quelle devise rassurante pour les bons citoyens ! Mais si, au lieu de la justice, ils trouvent malheureusement la partialité ; si, au lieu de nourrir la paix, un esprit turbulent secoue dans son canton des torches de discorde ; s'il n'est pas inflexible contre tous les artisans des troubles, contre tous les auteurs des crimes, alors il devient leur complice ; et soit qu'il manque d'énergie ou de capacité, il est également l'ennemi de la République et le fléau de son canton.

Citoyens, réfléchissez-y ; la sûreté de tous repose sur les soins de chacun pour y concourir. Si vous voulez dormir avec sécurité ; si la paix, le repos, le calme, sont les premiers besoins des hommes ; afin de vous les assurer, choisissez pour juges de paix, nommez pour assesseurs, des républicains éclairés, des hommes vertueux, des patriotes purs.

3.º Enfin, il sera question, dans plusieurs assemblées primaires, de remplacer des présidens et officiers municipaux.

A cet égard encore, le Directoire exécutif remarque avec inquiétude le découragement, l'espèce de dégoût qu'un grand nombre de citoyens ont marqué pour ces fonctions : en les abandonnant, ils en ont fait la proie des royalistes déguisés, qui s'en sont emparés avec habileté, et qui ont bien senti quel parti ils pourraient tirer de la dissémination de leur système et de leurs vues dans les rameaux les plus petits et les plus éloignés de l'ordre social. Avant le 18 fructidor, le désordre était à son comble dans les corps administratifs ; le Directoire exécutif a fait tous ses efforts pour y remédier ; mais c'est aux assemblés primaires, communales, électorales, de remonter en chaque lieu cette partie essentielle du service public. Les assemblés primaires doivent considérer, que sous les lois républicaines, les fonctions municipales sont de la plus haute importance : c'est le premier degré, l'apprentissage naturel des autres fonctions. Citoyens, attachez-vous donc à ne prendre jamais que parmi les républicains ces magistrats du peuple, qui l'entourent sans cesse, qui veillent à sa sûreté, qui sont auprès de lui les premiers interprètes, les premiers agens de la loi : qui ont, à chaque instant, des rapports délicats avec tous leurs concitoyens, soit pour les subsistances, soit pour les contributions, soit pour les intérêts et les affaires des communes.

Le Directoire exécutif ne saurait mieux développer la nécessité de la bonne composition des corps municipaux, qu'en rappellant ici à votre attention les réflexions remarquables que renferme à ce sujet l'instruction célèbre de l'Assemblée constituante, du 8 janvier 1790, d'autant mieux que ce beau passage s'applique naturellement à cette proclamation, et semble fait pour la terminer.

« Le régime électif est sans doute la source du bonheur
» et de la plus haute prospérité pour le peuple qui sait en
» faire un bon usage ; mais il tromperait les espérances de ce-
» lui qui ne porterait pas dans son exécution cet esprit public
» qui en est l'ame, et qui commande dans les élections le
» sacrifice des prétentions personnelles, des liaisons du sang,
» et des affections de l'amitié, au devoir inflexible de ne
» confier qu'au mérite et à la capacité les fonctions adminis-
» tratives, qui influent continûment sur le sort des parti-
» culiers et sur la fortune de l'État *(Instruction du 8 janvier*
» *1790 sur le décret du 22 décembre 1789, concernant les*
» *fonctions des assemblées administratives)* ».

LE DIRECTOIRE EXÉCUTIF ARRÊTE que la proclamation ci-dessus sera imprimée au Bulletin des lois, et qu'à la diligence de ses commissaires près des administrations centrales des départemens, elle sera réimprimée et affichée dans toutes les communes, et principalement à la porte des édifices destinés pour la tenue des assemblées primaires de l'an VI.

Les ministres de la justice et de l'intérieur sont chargés, chacun en ce qui le concerne, de l'exécution du présent arrêté.

Pour expédition conforme, *signé* MERLIN, *président ; par le Directoire exécutif, le secrétaire général,* LAGARDE ; *et scellé du sceau de la République.*

Certifié conforme :

Le Ministre de la Justice,

LAMBRECHTS.

Troyes, le 14 Ventôse an VI.e de la République française, une et indivisible.

Le Commissaire du Directoire exécutif près l'Administration centrale du Département de l'Aube,

A ses Collègues près les Administrations municipales.

Le Directoire exécutif, en chargeant ses Commissaires près les Administrations centrales de faire réimprimer, afficher et publier sa proclamation du 9 de ce mois, relative aux assemblées primaires de l'an VI, leur donne une nouvelle marque de confiance qui se partage essentiellement avec vous. Sans les Commissaires placés près des Administrations municipales, que pourraient faire ceux qui travaillent près des Administrations centrales ? Avec tous ses Commissaires, le Directoire fait exécuter les lois : c'est avec eux aussi qu'il a vaincu l'hydre du royalisme le 18 fructidor an V ; mais c'est seulement avec ceux qui ne se sont pas laissés abattre par toutes les menaces, les mortifications et les privations qu'ils ont éprouvées depuis deux ans ; qui n'ont pas craint la coalition des émigrés, des prêtres réfractaires, des royalistes et des anarchistes, de leurs orateurs et de leurs journalistes ; qui ont marché d'un pas ferme entre tous les écueils et sur les volcans, au risque de périr, avec tous les républicains, si le génie de la liberté n'eût remporté cette victoire mémorable qui a affermi la République, et n'a coûté aucune goutte de sang.

Tous les ennemis de notre Constitution ont été renversés comme le vent enlève la poussière. Mais ces ennemis qui se seraient rassasiés du sang des républicains, existent.

Plus coupables que l'Autrichien, l'indulgence de la loi fait leur supplice, et cette vengeance suffit à de véritables Français.

Mais il faut, pour l'exécuter cette loi qui les a condamnés à jouir malgré eux de nos triomphes et de notre gloire, qu'il ne soit élevé aux places par les assemblées primaires que des républicains réunissant les talens éprouvés et les vertus qui font le bon Citoyen.

Dans ses moindres affaires, celui qui a besoin d'un défenseur ou d'un fondé de procuration, s'adresse-t-il à un sourd, un muet, un aveugle, un fou, un frippon, à un débauché, un joueur, un paresseux, à un ivrogne, un ignorant ou à son ennemi ?

C'est pour garantir les républicains de nouvelles secousses, leur épargner l'obligation facile à remplir, de remporter des victoires nouvelles, que le Directoire, fidèle à la Constitution par laquelle il existe, autant qu'il est ferme et prudent, et autant aussi qu'il a de respect pour les assemblées primaires où la souveraineté du peuple s'exerce; que le Directoire, dis-je, a ordonné la plus grande publicité de sa proclamation pleine de sagesse, de vérités et de conseils nécessaires dans les circonstances actuelles.

Oui, Citoyens, les circonstances exigent cette publicité, parce que malheureusement une grande partie des Citoyens trompés par ce qui a été écrit par des fonctionnaires perfides, et pratiqué l'an passé, a fait des choix que le Législateur a été forcé de détruire, tant à cause des vices qui se trouvaient dans les formes, que pour purger le sol de la liberté et de l'égalité, de ceux qui haissent ces divinités.

(15)

Faites-vous donc un devoir, Citoyens, non seulement de faire afficher et lire, mais encore de répandre avec profusion l'instruction que cette proclamation renferme.

Par de bons choix, le Directoire nous répond de triomphe des cohortes royales, et de battre les Anglais. Vive la République !

Salut et Fraternité.

P. F. SUTIL.

A Troyes, de l'Imprimerie de SAINTON, Père et Fils, Imprimeurs du Département de l'Aube.

9

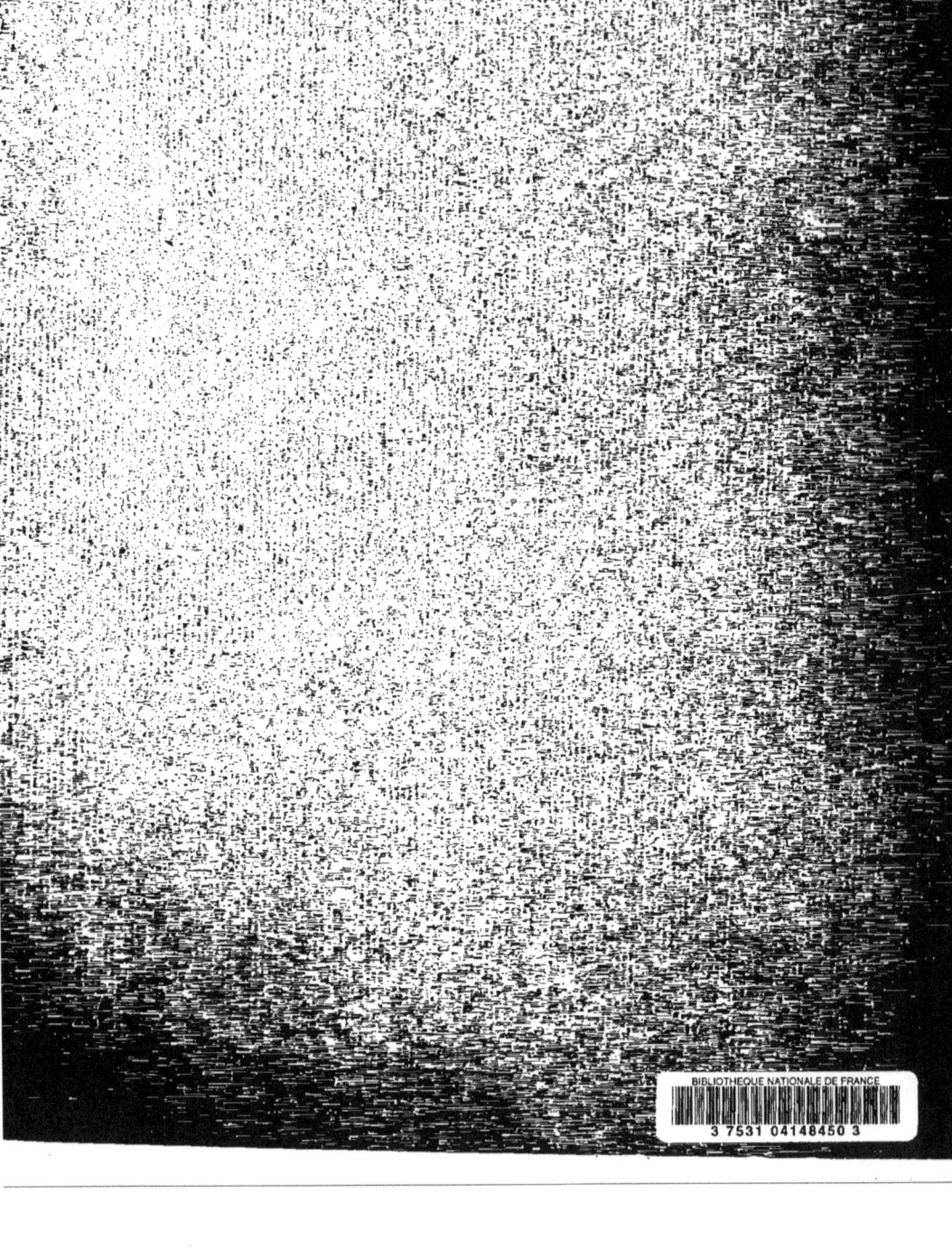